어린이 여러분
경제지식을 통해 돈을 다스릴 줄
아는 찐한 부자가 되길 바랍니다.

돌리

글 존 리

메리츠자산운용의 대표 이사를 맡으며 전 국민 금융 문맹 탈피를 위해 힘쓰고 있습니다. 유튜브와 버스 투어 강의를 통해 한국의 투자 문화를 선도하고 있으며, 쉽고 재미있게 금융 지식을 전파하고 있습니다. 대표 저서로는 《왜 주식인가?》, 《엄마, 주식 사주세요》, 《존리의 부자되기 습관》, 《존리의 금융문맹 탈출》, 《존리의 금융 모험생 클럽 1》 등이 있습니다.

 글 임우영

멘사 회원으로, 어린이들이 재미있게 읽고 유익한 정보를 얻을 수 있는 글을 쓰고 있습니다. 《메이플 홈런왕》, 《메이플 축구단》, 《Why? 핵과 에너지》 등 많은 학습 만화의 글과 그림 작업에 참여했습니다. 웹툰작으로는 《따뜻따뜻 아메리카노》, 《큐브헌터 고담》이 있습니다.

 그림 도니패밀리

귀여운 그림과 재미있는 표정 연출이 주특기인 신재환, 정동호 두 그림 작가로 이루어진 팀입니다. 그림을 보면서 즐거워하는 독자들의 모습을 상상하면서 즐겁게 작업합니다. 펴낸 책으로는 《구해줘 카카오프렌즈》, 《몰입영어 월드트레블》 등의 시리즈가 있습니다.

전문가에게 배우는 쓸모 있는 지식

존리의 경제 마스터

글 존리·임우영 | 그림 도니패밀리

Mirae N 아이세움

 # 펴내는 글

안녕하세요? 존리입니다.

삶을 살아가는 데는 많은 지식이 필요합니다. 그중 하나가 바로 '돈'에 대한 것이지요. 돈은 기본적인 의식주를 유지하기 위해 꼭 필요할 뿐만 아니라, 여행이나 독서 등 취미 생활을 영위하고 진료 등의 서비스를 이용하는 데에도 꼭 필요합니다. 그렇기에 우리는 돈에 관해 꾸준히 공부해야 합니다.

저는 여러분 모두가 부자가 되길 바랍니다. 돈에 억압받지 않고, 하고 싶은 것들을 자유롭게 선택할 수 있도록요. 부자가 되기 위해서는 돈에 대해 잘 알고, 돈을 관리하는 습관을 들여야 합니다. 그리고 그 습관을 만들기 좋은 시기는 바로 '지금'이지요.

《존리의 경제 마스터》에는 부자가 되고 싶어 '머니 마니 타운'에 방문한 백원만 군의 이야기가 펼쳐집니다. 저는 경제 마스터로서 백원만 군에게 다양한 경제·금융 지식을 가르쳐 주지요. 백원만 군은 머니 마니 타운에서 마주하게 되는 다양한 선택을 통해 부자가 되는 비법을 배웁니다. 여러분들도 내가 원만이라면 어떤 선택을 할지, 게임을 하듯 선택해 보세요. 어느새 여러분들의 경제 지식도 레벨 업 될 것입니다.

여러분 모두가 돈의 주인이 되길 바라며
2021년 7월 존리

등장인물

"부자가 되고 싶어!"

백원만
용돈은 받은 즉시 다 써 버려야 직성이 풀리는 무계획 소년. 용돈 부족에 시달리던 중 경제 마스터 존리를 만난다.

"저에게 맡겨 주세요!"

리치
존리를 도와주는 인공 지능 프로그램.

"부자 되는 비법을 알려 줄게요!"

존리
부자가 되는 비법을 알고 있는 전설의 경제 마스터. 전국을 돌아다니며 경제 특강을 한다.

차례

프롤로그 8

STAGE 1 돈의 중요성

돈을 공부한다고? 14
마스터 핵심 정리 돈의 중요성 알기

부자가 되고 싶은 이유 26
마스터 핵심 정리 경제적 목표 세우기

LEVEL UP 38

STAGE 2 수입과 지출

나의 소비 습관 40
마스터 핵심 정리 나의 경제생활 점검하기

돈은 어떻게 써야 할까? 52
마스터 핵심 정리 합리적인 선택하기

소비 계획 세우기 64
마스터 핵심 정리 용돈 기입장 쓰는 법

신용이란? 76
마스터 핵심 정리 신용 관리

LEVEL UP 90

STAGE 3 저축과 투자

황금알을 낳는 거위 92
- 마스터 핵심 정리 72의 법칙

자산을 불리는 다양한 방법 108
- 마스터 핵심 정리 저축과 투자

주식이란? 126
- 마스터 핵심 정리 증권 계좌 개설하기

분산 투자 140
- 마스터 핵심 정리 직접 투자와 간접 투자

LEVEL UP 158

에필로그 160

프롤로그

부자가 되고 싶어!

STAGE 1　돈의 중요성

돈을
공부한다고?

*파산 재산을 모두 잃고 망함.

금융 문맹

'금융'이란 돈을 융통하는 일을 말하고, '금융 문맹'이란 금융에 대한 지식이 부족하여 돈을 제대로 관리하거나 활용하지 못하는 상태, 또는 그런 사람을 말합니다.

금융 문맹이 얼마나 위험한지는 이웃 나라, 일본을 통해 알 수 있어요.

일본은 한때 산업화와 수출 증가 등으로 고도성장을 이루면서, 세계 경제를 이끌었어요. 미국 다음으로 돈이 많았던 나라였죠.

그러나 일본의 많은 국민들은 돈을 적절하게 융통하지 않고, 돈의 대부분을 은행 또는 부동산에 묶어 두었어요.

그 결과 시장에 돈이 제대로 돌지 못하면서 경기가 침체되었지요.

그 침체는 오늘날까지 이어지고 있어요.

이게 모두 돈을 몰라서 일어난 일이라니…….

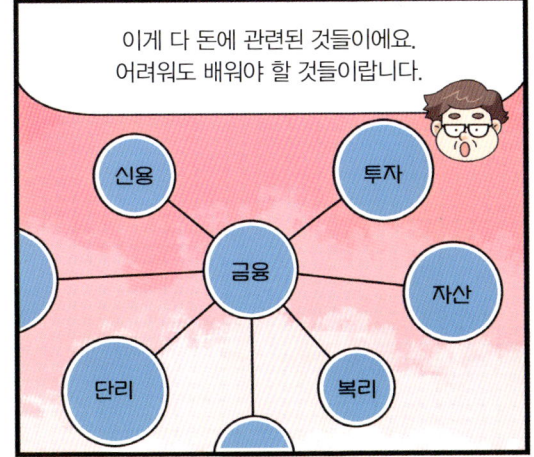

LEVEL UP

미션 1

이 버스에 올라타면 돈 공부가 시작된다!
어떻게 할까?

여러분이 원만이와 같은 상황에 놓였다면 어떻게 행동할까요?
선택 버튼 위에 스티커를 붙여 보세요.

A. 버스에 탄다.

돈에 대해 공부해 볼래요!

선택

B. 버스에 타지 않는다.

나중에 더 크면 할게요!

선택

▶ 결과는 다음 장에서 확인!

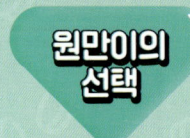

A. 버스에 탄다.

A. 돈 공부를 시작하기로 결심했다.

B. 아무것도 바뀌지 않았다.

 **마스터 핵심 정리**

돈의 중요성 알기

우리가 살아가기 위해서는 돈이 필요합니다. 기본적인 생활에 필요한 의식주를 마련하는 것뿐만 아니라 다양한 생활용품을 사고 취미 생활을 하는 데에도 모두 돈이 필요하지요. 돈이 꼭 필요할 때 수중에 돈이 없다면 하고 싶지 않은 일을 해야 하거나, 기본적인 생활조차 어려워지는 등 곤란한 일이 생길 수 있어요. 돈의 중요성을 깨닫고 돈을 소중하게 여기는 것이 금융 문맹 탈출의 첫걸음이랍니다.

 돈의 다양한 쓰임새

의식주

다양한 생활용품

취미 생활

서비스 이용

주변 이웃 돕기

돈이 있으면 선한 부자가 될 수도 있죠.

STAGE 1   돈의 중요성

부자가 되고 싶은 이유

LEVEL UP

미션 2

존리와 헤어져 집에 도착한 원만! 목표를 적은 종이를 어디에 둘까?

선택 버튼 위에 스티커를 붙여 보세요.

A. 책상 앞에 붙인다.
선택

B. 책 사이에 꽂아 둔다.
선택

C. 피곤하니까 내일 결정한다.
선택

D. 머리로 기억하고 종이는 버린다.
선택

▶ 결과는 다음 장에서 확인!

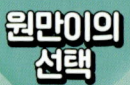

원만이의 선택

A. 책상 앞에 붙인다.

좋아, 마스터님의 말대로 해 보는 거야!

✓ **A. 매일 목표를 확인할 수 있게 되었다.**

잘 보이는 곳에 두니 좋네!

B. 유물이 되었다.

10년 뒤
뭐야, 이게?

C. 계속 미루다가 종이를 잃어버렸다.

어디에 뒀더라?
뒤적 뒤적

D. 목표를 까먹었다.

매달 얼마씩 모으면 되더라?

레벨 1. 금융 문맹
획득한 경험치 +100
100/100
백원만

경제적 목표 세우기

부자가 되는 것이 너무 막연하고 멀게만 느껴진다면 목표를 세워 보세요. 이때 목표를 달성하는 데 필요한 시간에 따라 단기, 중기, 장기 목표로 분류해서 구체적인 계획을 짜면 목표를 달성하는 데 도움이 된답니다.

 ### 단기 목표(1년 이내)

단기간에 달성하고자 하는 목표예요. 일별, 주별, 월별로 실현 가능한 계획을 구체적으로 세우고 꾸준히 실천하는 것이 중요합니다.

예) 자전거 사기, 10만 원 모으기 등

 ### 중기 목표(1~10년)

10년 이내의 비교적 긴 시간 내에 이루어질 것이라고 기대되는 목표예요. 중기 목표를 달성하기 위한 단기 목표를 세워 구체적인 실천 계획을 세우면 더 쉽게 달성할 수 있어요.

예) 등록금 마련하기, 해외여행 가기, 1,000만 원 모으기 등

 ### 장기 목표(10년 이상)

달성하는 데 아주 오랜 시간이 걸리는 목표예요. 장기 목표를 이루기 위한 중기 목표와 단기 목표를 세워 당장 할 수 있는 것부터 달성해 나가는 것이 도움이 된답니다.

예) 노후 자금 준비하기, 집 사기, 10억 원 모으기 등

레벨 업 보상

획득한 지식

➕ 금융 문맹이 무엇인지 알고 돈 공부를 해야 하는 이유를 알게 되었다.

➕ 부자가 되기 위한 목표를 세웠다.

획득한 아이템

백원만의 목표
- **단기 목표** 자전거 사기
  12만 원 (매달 1만 원씩)
- **중기 목표** 세계 여행 가기
  500만 원 (매달 5만 원씩)
- **장기 목표** 우주여행 가기
  3억 원 (매년 1,500만 원씩)

목표 리스트
이루고 싶은 목표를 정리한 리스트. 부자가 되기 위한 동기 부여를 도와준다.

STAGE 2 수입과 지출

나의 소비 습관

LEVEL UP

미션 3

한정판 장난감을 두고 고민하는 원만!
어떻게 할까?

여러분이 원만이와 같은 상황에 놓였다면 어떻게 행동할까요?
 버튼 위에 스티커를 붙여 보세요.

A. 장난감을 사지 않는다.

선택

B. 장난감을 산다.

선택

▶ 결과는 다음 장에서 확인!

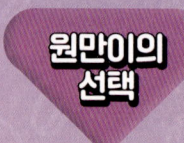

B. 장난감을 산다.

A. 잔여 소지금: 20,000G

B. 잔여 소지금: -2,000G

 마스터 핵심 정리

나의 경제생활 점검하기

부자가 되기로 결심하고 목표까지 잘 세웠나요? 그렇다면 지금 나의 자산, 즉 내가 가진 것 중에 경제적 가치를 지니는 것이 얼마나 있는지 파악하고 나의 소비 습관을 되돌아보며 나의 경제생활을 점검해 보세요.

🅖 자산 현황 파악하기

지금 내가 가지고 있는 돈은 얼마나 되는지, 혹시 주변 사람들에게 갚아야 할 돈은 없는지 등 나의 경제 상태를 파악해 보세요. 내가 현재 가진 돈보다 갚아야 할 돈, 즉 빚이 더 많다면 빨리 갚아서 없애는 것이 좋아요.

🅖 과도한 지출하지 않기

경제생활을 할 때 아주 중요한 원칙이지만 잘 지켜지지 않는 것 중 하나가 바로 내가 버는 돈 이상으로 과도하게 돈을 쓰지 않는 것이에요. 과도한 소비를 하면 돈도 모이지 않을뿐더러 빚을 지게 될 수 있어요.

🅖 주기적으로 점검하기

나의 경제생활 점검은 주기적으로 하는 것이 좋아요. 자신이 정한 주기에 따라 반복적으로 점검하면서 나의 자산이 꾸준히 늘어나고 있는지 살피고, 그렇지 않다면 그 원인이 무엇인지를 파악하여 문제를 해결하세요.

STAGE 2 수입과 지출

돈은 어떻게 써야 할까?

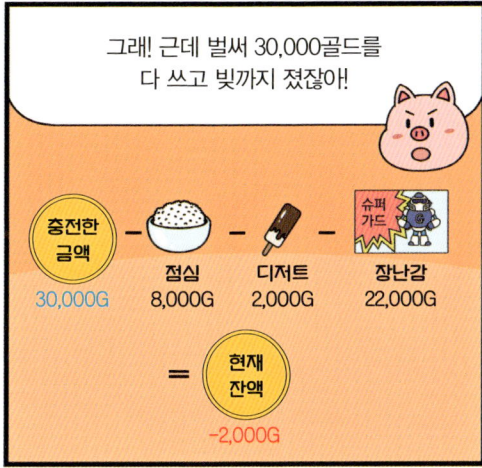

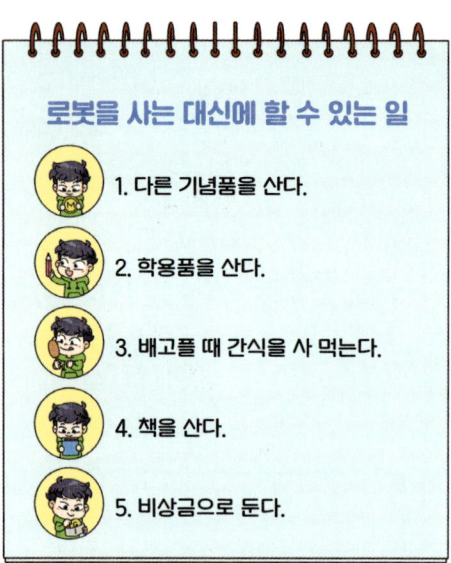

LEVEL UP
미션 4

다시 한 번 고민에 빠진 원만!
한정판 로봇을 환불할까, 말까?

여러분이 원만이와 같은 상황에 놓였다면 어떻게 행동할까요?
선택 버튼 위에 스티커를 붙여 보세요.

A. 환불하지 않고 가게에 로봇을 맡겨 둔다.

B. 무척 아쉽긴 하지만 로봇을 환불한다.

제 로봇 좀 잠깐 맡아 주세요.

선택

깔끔하게 환불! 빚을 지면서까지 살 순 없지.

선택

▶ 결과는 다음 장에서 확인!

원만이의 선택

B. 무척 아쉽긴 하지만 로봇을 환불한다.

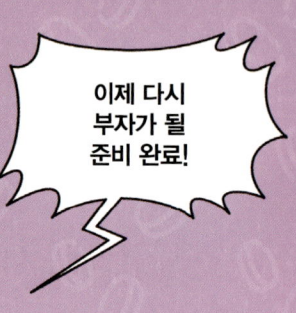

이제 다시 부자가 될 준비 완료!

A. 잔여 소지금: -2,000G

B. 잔여 소지금: 20,000G

여기서 청소라도 하면 2,000골드 갚을 수 있을까요?

이제부턴 물건을 살 땐 충분히 고민하고 살 거야!

레벨 2. 부자 견습생

30/100

획득한 경험치 +30

백원만

마스터 핵심 정리

합리적인 선택하기

돈은 한정적이기 때문에 생활하면서 필요한 모든 것을 살 수는 없어요. 그래서 우리에게 주어진 돈을 효율적으로 사용하기 위해서는 합리적인 선택을 하는 것이 중요해요. 합리적인 선택을 하는 방법에 대해 자세히 알아볼까요?

🪙 나에게 꼭 필요한지 판단하기

일단 어떤 물건을 선택하면 그 돈으로 살 수 있는 다른 물건은 포기해야 합니다. 그러므로 어떤 물건을 선택하여 얻을 수 있는 이로운 점과, 포기하는 물건을 선택했을 때 얻을 수 있는 이로운 점을 비교해 보면서 판단해야 합니다.

🪙 선택 기준을 세우기

어떤 기준에 따라 물건을 선택할지 자기만의 기준을 세우는 것이 좋아요. 선택 기준에는 가격이나 성능, 디자인, 편리성 등이 포함될 수 있습니다.

🪙 여러 물건 비교하기

물건을 선택할 때는 한 회사의 물건만 살펴볼 것이 아니라 다양한 회사의 여러 물건을 비교하고 평가해야 합니다. 각 회사의 물건이 지닌 장단점을 꼼꼼히 살펴본 뒤 자기의 선택 기준에 따라 물건을 선택하는 것이지요.

STAGE 2 수입과 지출

소비 계획 세우기

잠시 후  짠~! 다 썼어요!

예상 수입	내용	금액
	용돈	20,000원

예상 지출	내용	금액
	저축	10,000원
	엄마 생신 선물	5,000원
	간식비	5,000원

LEVEL UP

미션 5

용돈 기입장을 선물로 받은 원만!
이 선물을 받을까, 말까?

여러분이 원만이와 같은 상황에 놓였다면 어떻게 행동할까요?
선택 버튼 위에 스티커를 붙여 보세요.

A. 용돈 기입장을 받는다.

열심히 써 볼게요!

선택

B. 받지 않는다.

어차피 안 쓸 텐데 받으면 마음만 불편하지….

소옥

선택

▶ 결과는 다음 장에서 확인!

A. 용돈 기입장을 받는다.

A. 나의 소비 습관을 잘 알게 되었다.

B. 계획과 소비가 맞지 않는다.

용돈 기입장 쓰는 법

용돈 기입장은 용돈의 수입과 지출을 적는 공책이에요. 용돈 기입장을 쓰면 용돈을 효율적으로 관리할 수 있지요. 지금부터 용돈 기입장 쓰는 방법을 알아볼까요?

❶ 용돈 예산서 작성
얼마만큼 돈이 들어오고 어디에 돈을 써야 할지 계획합니다.

❷ 수입 및 지출 기록
수입과 지출을 매일 꼼꼼하게 기록합니다.

❸ 평가하기
일정한 기간 동안 용돈을 계획에 맞게 사용했는지 평가합니다.

용돈 기입장 써 보기

원만이가 용돈을 사용한 내역을 보고, 용돈 기입장을 작성해 보세요.

용돈 기입장

원만이의 용돈 사용 내역
7월 1일: 7월 용돈 20,000원을 받음.
7월 3일: 은행에 10,000원을 저축함.
7월 7일: 1,000원짜리 과자를 사 먹음.

월	일	내용	들어온 돈	나간 돈	남은 돈
7	1	용돈	20,000		
		합계			

STAGE 2 수입과 지출

신용이란?

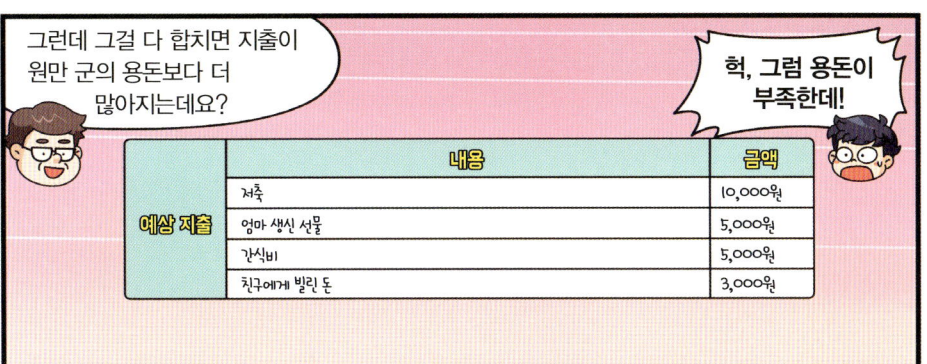

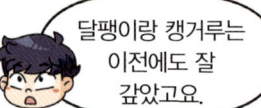

LEVEL UP

미션 6

신용도에 대해 깨달은 원만!
친구에게 빌린 돈을 바로 갚을까?

여러분이 원만이와 같은 상황에 놓였다면 어떻게 행동할까요?
선택 버튼 위에 스티커를 붙여 보세요.

A. 돈 갚기를 미룬다.

이번 달은 돈이 빠듯하니 다음 달에 갚자!

선택

B. 돈을 당장 갚는다.

덕분에 잘 썼어!

선택

▶ 결과는 다음 장에서 확인!

신용 관리

현대 사회는 신용 사회라고 불릴 만큼 신용이 중요한 사회입니다. 신용 카드나 대출 등 신용 거래를 통해 지금 당장 돈이 없더라도 필요한 물품이나 서비스를 구입할 수 있고 큰돈이 필요할 때 돈을 빌릴 수도 있지요. 그렇기 때문에 신용을 잘 관리하는 것이 아주 중요하답니다.

 나의 신용도 점검하기

스스로 점검해 봐!

항목	표시
친구들에게 빌린 물건을 늦게 돌려준다.	☐
친구들과 한 약속을 잘 잊어버린다.	☐
하루 동안 용돈을 얼마나 쓰는지 잘 모른다.	☐
도서관에서 빌린 책을 늦게 반납한 적이 있다.	☐
저축을 전혀 하지 않는다.	☐
친구들에게 돈을 자주 빌린다.	☐
돈을 어디에 쓸지 미리 계획하지 않는다.	☐
꼭 필요하지 않은 물건도 구입한다.	☐
용돈을 다 써 버려서 준비물을 사지 못한 적이 있다.	☐
용돈 기입장을 쓰지 않는다.	☐

0~2개 신용을 아주 잘 관리하고 있군요!

3~6개 꾸준한 신용 관리가 필요해요.

7개 이상 신용 관리 방법을 배우고 노력해야 해요.

프로 계획러

레벨 업 보상

획득한 지식

➕ 기회비용을 따져 합리적인 선택을 하는 방법을 배웠다.

➕ 나의 소비 습관을 파악하고 계획적인 소비를 하는 방법을 배웠다.

➕ 신용의 중요성에 대해 배웠다.

획득한 아이템

스마트워치
골드를 충전하여 머니 마니 타운에서 사용할 수 있다.

용돈 기입장
용돈 사용 계획을 세워 계획적인 소비를 할 수 있다.

STAGE 3 저축과 투자

황금알을 낳는 거위

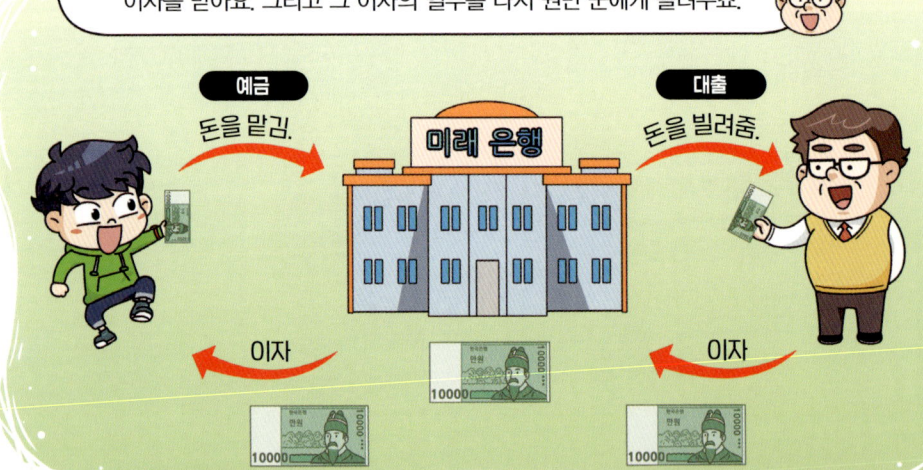

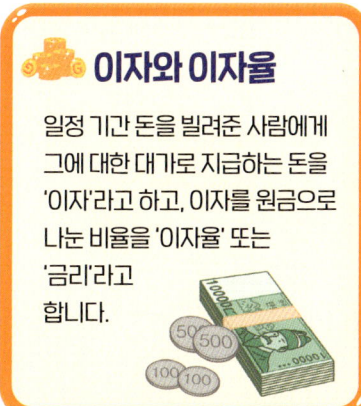

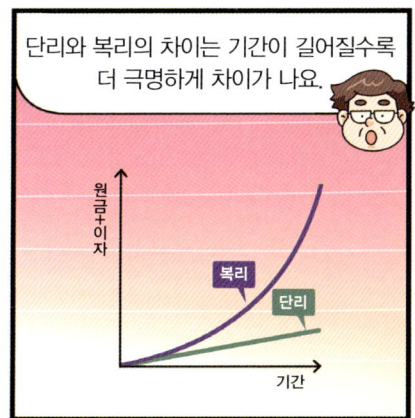

LEVEL UP

미션 7

저축하는 방법을 배운 원만!
모아 둔 돈을 어떻게 할까?

여러분이 원만이와 같은 상황에 놓였다면 어떻게 행동할까요?
선택 버튼 위에 스티커를 붙여 보세요.

A. 귀찮으니까 그대로 서랍에 둔다.

B. 용도에 따라 분류하여 은행에 맡긴다.

▶ 결과는 다음 장에서 확인!

B. 용도에 따라 분류하여 은행에 맡긴다.

A. 돈이 도무지 모이질 않는다.

B. 느리지만 돈이 모이고 있다. ✓

마스터 핵심 정리

72의 법칙

복리의 마법을 확인할 수 있는 방법 중에 '72의 법칙'이라는 것이 있어요. 이 법칙은 나의 자산이 두 배로 늘어나는 데 걸리는 시간을 계산하는 방법인데, 복리의 원리를 바탕으로 하고 있지요. 72의 법칙을 활용하면 저축이나 투자 계획을 세울 때 내가 목표로 하는 금액을 달성하기 위해 필요한 시간이나 수익률을 파악하는 데 도움이 된답니다.

$$\frac{72}{\text{연이율}} = \text{나의 자산이 두 배가 되는 데 걸리는 시간}$$

🪙 만약 연이율이 6%라면?

연간 수익률이 6%라면 72÷6=12가 나오는데, 이는 곧 12년 후에 나의 자산이 두 배가 된다는 뜻이에요. 내가 천만 원을 투자해서 연 6% 수익을 얻는다면 12년 후에 2천만 원으로 불어나게 되는 것이지요. 12년이라는 시간이 길게 느껴질 수도 있지만 2천만 원으로 불어난 자산을 또다시 투자하면 1천만 원을 버는 데 걸리는 시간은 6년으로, 6년 후에 또다시 투자하면 3년으로 줄어들게 됩니다. 시간이 흐를수록 복리의 마법이 더욱 강력해지겠죠?

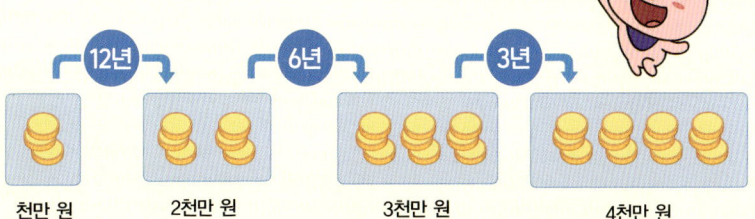

STAGE 3　저축과 투자

자산을 불리는
다양한 방법

구분	1. 조부자	2. 김달러	3. 박천재	...	7. 백원만	...
총 수익	304,000G	218,000G	175,000G	...	130,000G	...
투자 방법	은행 이자, 주식·펀드 투자	은행 이자, 주식·펀드 투자, 채권 투자	은행 이자, 채권 투자, 금 투자	...	은행 이자	...

*물가 상승률 일정 기간 동안 물가가 오른 비율.

투자의 종류는 매우 다양하답니다.

주식
주식 회사의 주식을 사서 회사의 지분을 소유하는 방식이에요. 투자한 회사가 성장하면 그만큼 이익을 얻을 수 있지만, 반대의 경우 손해를 볼 수도 있어요.

이 세 가지가 가장 기본적인 방법이야.

펀드
투자 전문 기관에 개인들이 돈을 맡기면 투자 전문가가 대신 투자해 주는 방식이에요. 적은 금액으로도 투자할 수 있어요.

채권
정부, 공공 기관, 회사 등에 돈을 빌려주고 나중에 이자와 함께 돈을 돌려받는 방식이에요. 회사의 실적과 관계없이 약속된 이자를 돌려받을 수 있어 비교적 안전합니다.

이런 걸 왜 안 알려 줬지?

뭔 소리야! 아까 게임 설명할 때 알려 줬는데.

그럼 다른 애들도 투자를 한 거예요?

내 말 무시하냐?!

부동산

집이나 건물, 땅 등에 투자하는 방식이에요. 가지고 있는 부동산의 가격이 오르면 다른 사람에게 팔아서 이익을 얻을 수 있어요.

원자재

금, 은, 구리, 나무, 석유 등 제품을 만드는 데 필요한 원자재에 투자하는 방식이에요. 시장의 움직임에 따라 변화하는 원자재의 가격에 따라 이익을 얻습니다.

미술품 또는 골동품

앞으로 가격이 오를 것으로 예상되는 예술 작품을 구입해서 더 높은 가격에 되파는 투자 방법입니다.

진품을 가려내기 어려워서 일반인들이 많이 하는 투자는 아니야.

흐음, 대부분 주식에 많이 투자했군요.

오호!

아쉽다! 나도 미리 알았다면 주식에 몽땅 투자했을 텐데!

으으~

121

구분	...	7. 백원만	...	9. 김올빵	10. 최한방	...
총수익	...	134,000G	...	0G	-5,000G	...
수익 구조	...	은행 이자	...	주식	주식	...

LEVEL UP

미션 8

투자의 종류를 알게 된 원만!
투자에 대해 자세히 배워 볼까?

여러분이 원만이와 같은 상황에 놓였다면 어떻게 행동할까요?
선택 버튼 위에 스티커를 붙여 보세요.

A. 배우지 않는다.

돈을 잃을 수도 있다니, 투자는 안 할래!

선택

B. 배운다.

어렵지만 더 배워 보겠어!

선택

▶ 결과는 다음 장에서 확인!

B. 배운다.

A. 수익은 적지만 자산을 안전하게 지킬 수 있다.

B. 어린이 투자자가 되었다.

 마스터 핵심 정리

저축과 투자

경제 독립을 위해서는 열심히 일해서 돈을 벌고, 꾸준히 저축을 해서 돈을 모으는 것이 중요합니다. 보통 예금이나 정기 예금 등 다양한 저축 상품을 활용하면 안전하게 돈을 모을 수 있지요. 하지만 은행의 저축 이자만으로는 많은 이익을 얻기 어려워요. 좀 더 큰 이익을 얻기 위해서는 주식·펀드, 부동산, 귀금속 등에 투자해 볼 수도 있습니다. 저축과 투자는 장단점이 분명하기 때문에 각각의 특징을 이해하고 균형을 잘 맞추는 것이 중요합니다.

 저축과 투자의 차이

저축		투자
• 금융 기관에 돈을 일정 기간 동안 맡기고 이자를 얻는 방법	의미	• 주식이나 부동산 등의 자산을 사서 이익을 얻는 방법
• 은행에 돈을 맡기고 이자를 받을 수 있다. • 은행이 망하더라도 5,000만 원까지는 보호받을 수 있어 비교적 안전하다.	특징	• 저축으로 받는 이자보다 더 많은 이익을 기대할 수 있다. • 투자에 실패할 경우 투자금을 잃을 수 있다.
• 예금, 적금, 청약 등	종류	• 금융 상품(주식·펀드, 보험), 부동산, 귀금속 등

STAGE 3 저축과 투자

주식이란?

우아, 여긴 또 어디예요?

이곳은 증권 거래소예요. 주식을 사고파는 사람들을 연결해 주는 곳이지요.

증권 거래소

근데 주식이란 게 정확히 뭐예요?

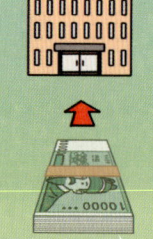

회사를 경영하기 위해서는 큰돈이 들어요. 그래서 회사들은 나중에 돈을 벌면 나누어 주겠다고 약속하고 회사에 투자할 사람들을 모으죠.

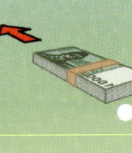

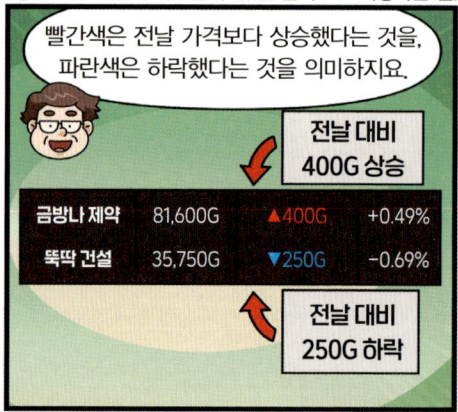

*동업 함께 사업을 함.

주식 주문

현재가
해당 주식의 현재 가격

호가
주식 매매를 위해 부르는 가격

봉봉 전자

5,000G
▲15   +0.30%

xxx-xx-xxxxxx 백원만

| 매수 | 매도 | 정정/취소 | 체결/미체결 |

호가	잔량
5,020	59,165
5,015	34,797
5,010	52,784
5,005	12,904
5,000	11,475
4,095	13,107
4,090	941
4,085	36,342
4,080	28,131
4,075	6,946

○ 현금   ○ 신용

| 지정가 | 시장가 |

− 1 +
− 5,000G +

주문 금액   5,000G

초기화   **매수 주문**

"매수하고자 하는 종목명을 검색하고 주문 수량과 가격을 입력한 후 주문을 하면 된답니다."

매수 주식을 사는 것

매도 주식을 파는 것

주문 수량
해당 주식을 얼마만큼 사고팔 것인지를 나타내는 양으로, '주' 단위로 판매

한 주에 5,000골드면 몇 주를 살 수 있지?

주식 거래를 하기 위해서는 증권 계좌가 필요해요. 증권 계좌를 개설하는 방법은 139쪽을 확인하세요.

가격
해당 주식을 사거나 팔고자 하는 금액

얼마에 사는 게 좋을까?

어때요, 간단하죠?
네~!

그럼 직접 해 보세요.

LEVEL UP 미션 9

주식 투자 시뮬레이션을 하는 백원만!
어떤 종목에 투자할까?

여러분이 원만이와 같은 상황에 놓였다면 어떻게 행동할까요?
선택 버튼 위에 스티커를 붙여 보세요.

A. 몰라 컴퍼니

무슨 회사인지는 모르겠지만 가격이 오르는 걸 보면 이유가 있겠지!

선택

B. 뿅뿅 전자

지금은 많이 오르진 않았지만 장기적으론 더 오르지 않을까?

선택

▶ 결과는 다음 장에서 확인!

증권 계좌 개설하기

주식이나 펀드에 투자하고 싶다면 증권 계좌가 필요합니다. 미성년자의 경우 비대면으로 계좌 개설이 불가능하고, 증권사나 은행에 방문해야 해요. 미성년자 증권 계좌 개설에 필요한 준비물과 계좌 개설 방법을 알아볼까요?

준비물
기본 증명서, 가족 관계 증명서, 도장, 부모님 신분증

- 부모님이나 보호자와 함께 위의 준비물을 가지고 은행이나 증권사 영업점에 방문합니다.
- 자신의 이름으로 된 입출금 통장이 없는 경우 직원의 안내에 따라 통장을 먼저 개설합니다.
- 통장 개설이 완료되었으면 증권 계좌를 개설합니다.
- 증권 계좌를 개설한 후 온라인 거래 신청을 하면 컴퓨터나 휴대 전화를 통해 주식을 사고팔 수 있습니다.

은행, 증권사에 따라 필요한 서류가 다를 수 있으니 방문 전에 확인해 보세요!

투자는 여윳돈으로 신중하게! 잊지 마세요.

STAGE 3　저축과 투자

분산 투자

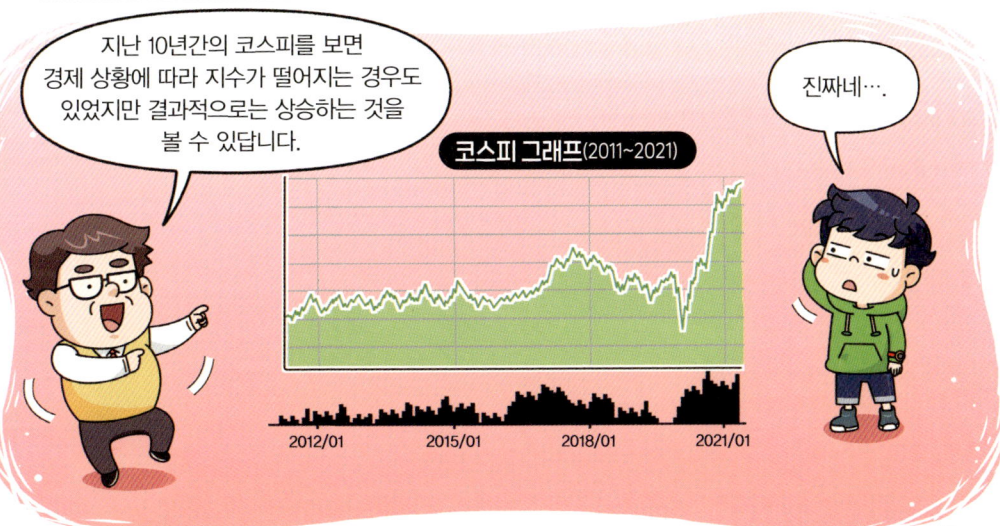

LEVEL UP

미션 10

집으로 돌아온 원만!
부자 되는 비법을 오늘부터 실천할까?

여러분이 원만이와 같은 상황에 놓였다면 어떻게 행동할까요?
선택 버튼 위에 스티커를 붙여 보세요.

A. 오늘부터 당장 시작한다.

제일 중요한 비법! 꾸준히 실천하기!

선택

B. 다음 용돈 받으면 한다.

지금은 돈이 별로 없으니 다음 달 용돈 받으면 시작하자!

일단 게임 한 판 할까?

선택

▶ 결과는 다음 장에서 확인!

A. 오늘부터 당장 시작한다.

A. 부자가 될 준비 끝!

B. 다시 처음으로 되돌아갔다.

백원만

레벨 3. 프로 계획러

획득한 경험치 +100

100/100

 마스터 핵심 정리

직접 투자와 간접 투자

투자를 하는 방식에는 크게 '직접 투자'와 '간접 투자'가 있어요. 이 두 가지 방식의 대표적인 예시로는 '주식'과 '펀드'가 있지요. 직접 투자와 간접 투자의 특징을 파악하고 본인에게 맞는 투자 방식을 선택하는 것이 좋아요. 그리고 투자를 할 때는 예상치 못한 위험이 생길 수 있으며, 그에 따른 책임은 본인이 져야 한다는 것을 꼭 명심하고 투자처를 신중하게 결정해야 해요.

 신중, 또 신중!

🪙 주식과 펀드의 차이

주식(직접 투자)		펀드(간접 투자)
• 개인이 투자할 회사를 골라 직접 사고판다.	방법	• 금융 기관이 고객으로부터 돈을 모아 다양한 자산에 분산 투자하고, 그 결과를 투자자에게 배분한다.
• 투자 능력이 좋다면 간접 투자보다 높은 수익을 낼 수 있다. • 거래 비용이 저렴하다.	장점	• 여러 회사에 종합적으로 투자하기 때문에 위험도가 비교적 낮다. • 소액으로 투자할 수 있다.
• 투자에 필요한 정보와 지식을 얻기 위해 많은 시간과 노력이 필요하다.	주의할 점	• 일정 비율의 수수료가 발생한다.

LEVEL UP

4
마스터의 수제자

레벨 업 보상

획득한 지식

➕ 단리와 복리의 차이를 알고 복리의 마법을 알게 되었다.

➕ 다양한 투자의 종류를 알게 되었다.

➕ 직접 투자와 간접 투자의 차이를 알고 장단점을 비교할 수 있다.

획득한 아이템

침 묻은 젤리
원만이가 먹다 남은 젤리로, 단리와 복리의 원리를 떠올리게 해 준다.

마스터의 배지
마스터의 수제자가 되었음을 증명하는 배지. 가슴에 달면 기분이 좋아진다.

달라진 일상

존리의 경제 마스터

글 존리 · 임우영 | 그림 도니패밀리

펴낸날 2021년 7월 28일 초판 1쇄 | 2021년 11월 22일 초판 2쇄
펴낸이 신광수 | **CS본부장** 강윤구 | **출판개발실장** 위귀영 | **출판영업실장** 백주현
디자인실장 손현지 | **개발기획실장** 김효정
만화콘텐츠개발팀 조은지, 변하영, 김수지, 노보람, 손주원, 이은녕, 김다은, 정수현
출판디자인팀 최진아, 박남희 | **저작권** 김마이, 이아람
채널영업팀 이용복, 이강원, 김선영, 우광일, 강신구, 이유리, 정재욱, 박세화, 김종민, 이태영, 전지현
출판영업팀 박충열, 민현기, 정재성, 정슬기, 허성배, 정유, 설유상
개발기획팀 이병욱, 황선득, 홍주희, 강주영, 이기준, 정은정
CS지원팀 강승훈, 봉대중, 이주연, 이형배, 이은비, 전효정, 이우성

펴낸곳 ㈜미래엔 서울특별시 서초구 신반포로 321 | 문의 미래엔 고객센터 1800-8890 팩스 02)541-8249
홈페이지 www.mirae-n.com | 출판등록 1950년 11월 1일 제16-67호

ISBN 979-11-6413-840-1 77320
ISBN 979-11-6413-839-5(세트)

파본은 구입처에서 교환해 드리며, 관련 법령에 따라 환불해 드립니다. 다만, 제품 훼손 시 환불이 불가능합니다.
값은 뒤표지에 있습니다.

Mirae N 아이세움

개뻔엄 증서

이름:

위 어린이는 《존리의 경제 마스터》를 통해 부자 되기 미션을 수행하고
다양한 경제·금융 지식을 갖추었기에 이 증서를 수여합니다.

20   년   월   일

경제 마스터 존리